AF883370

PLANIFICADOR MENSUAL

12 MESES

....

....

VENUSYMARTE2022

Presupuesto mensual

Ingresos: Ahorros:

Otros: Gastos:

Total:

Visión General	Proyección	Real	Diferencia
Total Ingresos			
Total Gastos			
Total Ahorros			

Notas

Ingresos

Total Ingresos:

Fecha	Detalle	Monto

GASTOS

TOTAL GASTOS:

FECHA	DETALLE	MONTO

Notas

Presupuesto Mensual

Ingresos:

Otros:

Total:

Ahorros:

Gastos:

Visión General	Proyección	Real	Diferencia
Total Ingresos			
Total Gastos			
Total Ahorros			

Notas

INGRESOS

TOTAL INGRESOS:

FECHA	DETALLE	MONTO

GASTOS

TOTAL GASTOS:

FECHA	DETALLE	MONTO

NOTAS

Presupuesto Mensual

Ingresos:

Otros:

Total:

Ahorros:

Gastos:

Visión General	Proyección	Real	Diferencia
Total Ingresos			
Total Gastos			
Total Ahorros			

Notas

Ingresos

Total Ingresos:

Fecha	Detalle	Monto

Gastos

Total Gastos:

Fecha	Detalle	Monto

NOTAS

Presupuesto mensual

Ingresos: Ahorros:

Otros: Gastos:

Total:

Visión General	Proyección	Real	Diferencia
Total Ingresos			
Total Gastos			
Total Ahorros			

Notas

Ingresos

Total Ingresos:

Fecha	Detalle	Monto

Gastos

Total Gastos:

Fecha	Detalle	Monto

NOTAS

Presupuesto mensual

Ingresos: Ahorros:

Otros: Gastos:

Total:

Visión General	Proyección	Real	Diferencia
Total Ingresos			
Total Gastos			
Total Ahorros			

Notas

Ingresos

Total Ingresos:

Fecha	Detalle	Monto

Gastos

Total Gastos:

Fecha	Detalle	Monto

Notas

Presupuesto mensual

Ingresos:

Otros:

Total:

Ahorros:

Gastos:

Visión General	Proyección	Real	Diferencia
Total Ingresos			
Total Gastos			
Total Ahorros			

Notas

INGRESOS

TOTAL INGRESOS:

FECHA	DETALLE	MONTO

Gastos

Total Gastos:

Fecha	Detalle	Monto

NOTAS

PRESUPUESTO MENSUAL

INGRESOS:

OTROS:

TOTAL:

AHORROS:

GASTOS:

VISIÓN GENERAL	PROYECCIÓN	REAL	DIFERENCIA
TOTAL INGRESOS			
TOTAL GASTOS			
TOTAL AHORROS			

NOTAS

Ingresos

Total Ingresos:

Fecha	Detalle	Monto

GASTOS

TOTAL GASTOS:

FECHA	DETALLE	MONTO

Notas

Presupuesto mensual

Ingresos:

Otros:

Total:

Ahorros:

Gastos:

Visión General	Proyección	Real	Diferencia
Total Ingresos			
Total Gastos			
Total Ahorros			

Notas

Ingresos

Total Ingresos:

Fecha	Detalle	Monto

Gastos

Total Gastos:

Fecha	Detalle	Monto

NOTAS

PRESUPUESTO MENSUAL

INGRESOS:

AHORROS:

OTROS:

GASTOS:

TOTAL:

VISIÓN GENERAL	PROYECCIÓN	REAL	DIFERENCIA
TOTAL INGRESOS			
TOTAL GASTOS			
TOTAL AHORROS			

NOTAS

Ingresos

Total Ingresos:

Fecha	Detalle	Monto

GASTOS

TOTAL GASTOS:

FECHA	DETALLE	MONTO

NOTAS

Presupuesto Mensual

Ingresos: Ahorros:

Otros: Gastos:

Total:

Visión General	Proyección	Real	Diferencia
Total Ingresos			
Total Gastos			
Total Ahorros			

Notas

Ingresos

Total Ingresos:

Fecha	Detalle	Monto

GASTOS

TOTAL GASTOS:

FECHA	DETALLE	MONTO

NOTAS

Presupuesto Mensual

Ingresos: Ahorros:

Otros: Gastos:

Total:

Visión General	Proyección	Real	Diferencia
Total Ingresos			
Total Gastos			
Total Ahorros			

Notas

INGRESOS

TOTAL INGRESOS:

FECHA	DETALLE	MONTO

GASTOS

TOTAL GASTOS:

FECHA	DETALLE	MONTO

Notas

Presupuesto mensual

Ingresos:

Ahorros:

Otros:

Gastos:

Total:

Visión General	Proyección	Real	Diferencia
Total Ingresos			
Total Gastos			
Total Ahorros			

Notas

Ingresos

Total Ingresos:

Fecha	Detalle	Monto

GASTOS

TOTAL GASTOS:

FECHA	DETALLE	MONTO

NOTAS

FSC
www.fsc.org
MIX
Papier | Fördert
gute Waldnutzung
FSC® C083411

Kolibri 360 GmbH
Ferdinand-Jühlke-Straße 7
99095 Erfurt, Deutschland
produktsicherheit@kolibri360.de